BEI GRIN MACHT SICH IHR WISSEN BEZAHLT

- Wir veröffentlichen Ihre Hausarbeit, Bachelor- und Masterarbeit

- Ihr eigenes eBook und Buch - weltweit in allen wichtigen Shops

- Verdienen Sie an jedem Verkauf

Jetzt bei www.GRIN.com hochladen und kostenlos publizieren

Die Septem Artes Liberales und der St. Galler Klosterplan. Theorie vs. Praxis im 9. Jahrhundert

Sebastian Simbeck

Bibliografische Information der Deutschen Nationalbibliothek:

Die Deutsche Nationalbibliothek verzeichnet diese Publikation in der
Deutschen Nationalbibliografie; detaillierte bibliografische Daten sind
im Internet über http://dnb.d-nb.de abrufbar.

ISBN: 9783346563514
Dieses Buch ist auch als E-Book erhältlich.

Druck und Bindung: Books on Demand GmbH, Norderstedt Germany
Gedruckt auf säurefreiem Papier aus verantwortungsvollen Quellen

Das vorliegende Werk wurde sorgfältig erarbeitet. Dennoch
übernehmen Autoren und Verlag für die Richtigkeit von Angaben,
Hinweisen, Links und Ratschlägen sowie eventuelle Druckfehler keine
Haftung.

Das Buch bei GRIN: https://www.grin.com/document/1160944

Universität Paderborn

Fakultät für Kulturwissenschaften

Historisches Institut für Mittelalterliche Geschichte

Seminar: Der St. Galler Klosterplan

WS 2018/19

Seminararbeit:

Die Septem Artes Liberales und der St. Galler Klosterplan

Theorie vs. Praxis im 9. Jahrhundert

von Sebastian Simbeck

Lehramt (Gy/Ge)

Englisch & Geschichte

6. Semester

Inhaltsverzeichnis

1. Einleitung

Wird von Bildung im Mittelalter gesprochen, so ist es unumgänglich sich mit zwei Thematiken zu beschäftigen: Die *septem artes liberales* bilden, seit der Spätantike, den Grundkanon für Bildung und die *karolingische Bildungsreformen* greifen, u.a. auch diese erneut auf und beides führte zu einem erneuten Aufblühen der gesamten karolingischen Kultur, vor allem in den folgenden Generationen. Die Klosterschule als solches erlebte aus diesem Zusammenspiel, seit dem Beginn des 9. Jahrhunderts, einen enormen Aufschwung und der St. Galler Klosterplan (830 n. Chr.) ist der einzige Bauplan eines Klosters, welcher aus dieser Zeit überliefert wurde. Dieser ist nicht nur enorm aufschlussreich, was den Alltag der Mönche anbelangt, sondern er kann auch Hinweise auf weitere Lebensbereiche, wie z.B. Bildung geben.

Dieses genauer zu Untersuchen ist Ziel dieser Arbeit. Es soll der Begriff und die Bedeutung der *septem artes liberales* anhand von den kontemporären Reformen und der Gestaltung des *St. Galler Klosterplans* genauer untersucht werden. Die Leitfrage ist demnach, ob sich das damalige Verständnis von Bildung in dem Plan widerspiegelt.

Die Quellen- und Literaturbasis zu dieser spezifischen Thematik ist kaum vorhanden, daher war es nötig mehrere Themenbereiche zu analysieren und nach hilfreichen Gemeinsamkeiten zu suchen. Einzelne, relevante Themen wie *septem artes liberales, karolingische Bildungsreform, St. Galler Klosterplan* oder *Bildung im Mittelalter* sind, für sich allein betrachtet, sehr gut erforscht und in den letzten Dekaden ausführlich, mehrfach und minutiös behandelt worden. Einerseits ermöglichte die Fülle an Quellen und Forschungsliteratur das wissenschaftliche Arbeiten enorm, andererseits jedoch ist diese Thematik in dem Umfang dieser Arbeit mitnichten gänzlich behandelbar.

Wenngleich sich die Forschung bei der Thematik der *septem artes liberales* und der Relevanz des St. Galler Klosterplanes weitgehend einig ist, so ist sie sich doch noch bei der Begriflichkeit der *karolingischen Bildungsreform* uneinig. Zwar wurde auch die Bildung in Klosterschulen weitgehend beleuchtet, aber da es sich bei dem St. Galler Klosterplan um einen Plan als solches handelt ist diese Thematik mit Vorsicht zu betrachten. Aus diesem Grund wurde der Fokus auf die bereits vorhandene Sekundärliteratur gelegt. Diese wurden nach thematischer Selektion betrachtet, verglichen und analysiert, jedoch wurden auch die Thesen und Argumente der

Autoren mit den dazugehörigen bzw. behandelten Quellen kritisch hinterfragt und erneut, mit Hinblick auf die vorliegende Thematik, betrachtet.

Angefangen wurde mit dem Thema der *septem artes liberales*, da diese den Grundpfeiler der Bildung seit mindestens der Spätantike bildete und den Hauptfokus der karolingischen Bildungsreformen darstellte. Im Anschluss wird durch die Thematik dieser Reformen eine Verbindung zwischen Bildung, Klosterleben, und dem Christentum im Mittelalter hergestellt, um dann anschließend zum Hauptteil der Arbeit übergehen zu können, welcher sich mit dem St. Galler Klosterplan auseinandersetzt. Abschließend werden die Ergebnisse gesammelt und kommentiert.

2. Hauptteil

2.1. Die *septem artes liberales*

> *„Disciplinae liberalium artium septem sunt. Prima grammatica, id est, loquendi pertitia. Secunda, rhetorica, quae propter nitorem et copiam eloquentiae suae maxime in civilibus questionibus necessaria existimatur. Tertia, dialectica cognomento logica, quae disputationibus subtilissimis vera secernit a falsis. Quarta, arithmetica, quae numerorum causas et divisiones. Quinta, musica, quae in carminibus cantibusque constistit. Sexta, geometria, quae mensuras dimensionesque complectitur. Septima, astronomia, quae continent legem astrorum."[1]*

Dieses Zitat, aus der Enzyklopädie *Etymologiae* von Isidor von Sevilla (560-636), fasst die Inhalte der Fächer der *septem artes liberales* kurz und bündig zusammen. Es handelt sich bei den *septem artes liberales* jedoch nicht nur um einfache Fächer, wie wir sie heute aus der Schule kennen, sondern die Bedeutung und Rezeption ebendieser veränderten sich mit jedem Jahrhundert zusehends.[2] Die *artes liberales* sind ein „in der Spätantike kanonisch gewordene(r) Ausdruck für ein Curriculum von Bildungsfächern, deren Studium für einen Freien standesgemäß war"[3]. Dazu wurden ebendiese Fächer in das Trivium (Dreiweg) und dem Quadrivium (Vierweg) eingeteilt, welche in der Bildung aufeinanderfolgend gelehrt wurden. Das Trivium besteht aus den Fächern Grammatik, Logik und Rhetorik, wobei hingegen das Quadrivium aus der Arithmetik, der Musik, der Geometrie und der Astronomie besteht.[4] Um die Relevanz der *septem artes liberales* weiter zu verdeutlichen sei hier vorab kurz auf *Thomas von Aquin* (1224/25-1274) hingewiesen. Laut *ihm* sind die

---

[1] Hispalensis, Isidorus. 1493. Etymologiae I,II.
[2] Von einer detaillierten Entwicklung der Rezeption und der Bedeutungsverschiebungen wird an dieser Stelle bewusst abgesehen.
[3] Christes, 2006a.
[4] Vgl. Stolz, 2003, S.58ff.

freien Künste eher „[…] als Bestandteil eines elementaren Bildungsgangs zu verstehen, als Fächer, die sowohl rational-zweckdienliche Fähigkeiten als auch einen theoretischen Erkenntniswert besitzen"[5]. Sozusagen erlangt man durch sie Fähigkeiten, welche dem *freien* Menschen zum selbstständigen Wissenserwerb verhelfen sollen. So die Theorie, aber die „Theorie und Praxis der Bildung klafften von Anfang an auseinander […]"[6]. Um diesen Umstand besser verstehen zu können, müssen jedoch noch ein paar zusätzliche Anmerkungen gemacht werden: Eine der schönsten, aufschlussreichsten und unvoreingenommensten Darstellungen der *septem artes liberales* bildet der *Hortus delicarum* von Herrad von Hohenburg. Auf diesem Bild werden die *sieben freien Künste* personifiziert dargestellt. Die Besonderheit hierbei ist jedoch, dass, anders als bei den früheren wegweisenden Autoren wie Augustinus (3/4Jhd.), Marcrobius & Martianus Capella (4/5Jhd.), Boehtius(5/6Jhd.), Cassiodor (6.Jhd.), Isidor von Sevilla (7.Jhd.) oder Beda Venerabilis & Alkuin (8Jhd.), welche versuchten die sieben freien Künste zu verschriftlichen, zu erklären oder vollständig zu überliefern, dem Betrachter hier lediglich, durch reinen Symbolismus und Ikonografie[7], visuell Informationen bereitgestellt und somit der nötige Raum für detailliertere Interpretationen gelassen wurde, um so die *septen artes liberales* für sich selbst erschließen zu können.[8]

Bild 1: Herrad von Hohenburg´s *Hortus delicarum*

[5] Vgl. Stolz, 2003, S.55.
[6] Christes, 2006b.
[7] Diese ist jedoch auch durch kontemporäre Konzepte beeinflusst und so sind beispielsweise einige Attribute der artes nicht vorhanden. Vgl. Tezmen-Siegel, 1985, S.109-110.
[8] Von einer detaillierten Bildbeschreibung, Deutung und Interpretation der Miniatur wird hier bewusst abgesehen. Für mehr Informationen empfiehlt sich Ruth Affolter-Nydegger´s Aufsatz: *Das Titelbild zu Herrad von Landsberg, Hortus Deliciarum (um 1180).*

So wird beispielsweise die geistige Hierarchie durch die konzentrischen Kreise verdeutlicht und stehen zusätzlich als Symbol für die Einheit, Geschlossenheit und Vollkommenheit aller Künste. Nur durch das Studium Aller können SchülerInnen sich an der Schönheit des (göttlichen) Gartens, des universellen Wissens ergötzen. Das Bild des *Hortus delicarum,* mitsamt dem Inhalt der Darstellungen, ist somit als universalwissenschaftliches Konzept gedacht. Warum diese offene Darstellung des *Hortus delicarum* an dieser Stelle der Arbeit gewählt wurde, macht folgendes Zitat deutlich:[9]

"Es ist nicht gerade produktiv, die pure Reihenfolge der Behandlung der Sieben Artes bei dem und dem Autor zu vergleichen, solange deren Namen nur Etiketten sind für Inhalte, die sich hinter diesen „Markenbezeichnungen" seit der Spätantike bis heute dermaßen gewandelt haben, daß man versucht sein möchte, bei einfacher Übertragung von *Etikettenschwindel* zu reden."[10]

Hans Günter Zeckl spielt darin auf einen enorm wichtigen Aspekt an, den es bei der Bearbeitung von Themen rund um die *septem artes liberales* zu berücksichtigen gilt. Seit der Antike unterlagen die Künste einem immanenten Wandel in ihrer Bedeutung und vor allem in ihrer Interpretation durch, einerseits den Zeitgenossen und deren Einflüsse/Intentionen, andererseits den folgenden Generationen, welche auch durch frühere Konzepte beeinflusst wurden oder diese weiterentwickelt haben. Es gibt also nicht die einen *septem artes liberales*, sondern, je nach Epoche[11] unterschiedliche Konzepte und Umsetzungen dieser.

Geht man nun erneut zu Isodor von Sevilla, wessen Zitat dieses Kapitel einleitete, so wird seine Meinung die *„Ars vero dicta est, quod artis praeceptis regulisque constat"[12]* nun deutlich distanzierter bewertet werden müssen, denn die Konzepte der Artes sind von unterschiedlicher Qualität und stark beeinflusst durch eine „kulturelle Kontinuität zwischen Spätantike und Frühmittelalter"[13].

---

[9] Interessanterweise wird hier nur durch Textbeigaben ein christlicher Bezug hergestellt und sogar Platon und Sokrates, die Kleriker der Heiden, dargestellt.
[10] Zeckl. 2005, S. 9.
[11] Selbst die Einteilung in Epochen in dieser Thematik ist umstritten. Vgl. Englisch, 1994, S. 12ff.
[12] Hispalensis, Isidorus. 1493, Etymologiae (I,I). Übersetzt: Kunst heißt ars, weil sie aus festen (artus) Regeln und Vorschriften besteht.
[13] Englisch, 1994, S.478.

2.2. „Die karolingische Renaissance"

Beschäftigt man sich mit der Bildung im Mittelalter, also auch den *septem artes liberales*, deren theoretischer Rezeption und praktischen Umsetzung zu der Zeit[14], so kommt man nicht um die Bestrebungen und dem Nachwirken von Karl dem Großen, Herrscher des fränkischen Großreiches in den Jahren 768-814 n. Chr., umhin. Seine Art zu regieren wies stark theokratische Züge auf, denn Kirche und Religion waren nicht nur der Grundpfeiler seiner Legitimität, sondern auch als Werkzeug zu verstehen, welches sein Reich zusammenhalten, stark und widerstandsfähig machen sollte. Seiner Auffassung nach war „der richtig und fromm geleitete Staat der gottgewollte Wall gegen die Sünde: zur Befreiung von ihr vereinen sich Kirche und Staat"[15]. So kam es, dass Karl der Große im Sinne dieser christlichen Reichsidee eine umfängliche Kirchenreform veranlasste. Karl Bosl führt an, dass Karl neben dem Ausbau von Kirchenprovinzen, der Einsetzung von Bischöfen und Reichsäbten und der Erhebung der Päpste auch, zu rein religiösen Zwecken, Sittlichkeit und Bildung des Klerikers anheben wollte.[16] Diese Bemühungen haben genau das zur Folge, was wir heute unter dem umstrittenen Begriff der *karolingischen Renaissance*[17] verstehen. Andere Begriffe wie z.B. die *karolingische Renovatio* oder die *karolingische Bildungsreform* deuten schon eher auf die Inhalte ebendieser hin, denn sowohl die Schrift, die Sprache, die Literatur, die Kunst als auch die Baukunst erfuhren im 8-10 Jahrhundert durch Karl einen deutlichen Aufschwung. Der antike Geist, welcher seit dem fünften Jahrhundert nach und nach immer mehr vernachlässigt wurde, wurde neu adaptiert und an die christlichen Grundwerte angepasst.

„...*oblitteratam pene maiorum nostrorum desidia reparare vigilanti studio litterarum satagimus officinam, et ad pernoscenda studia liberalium artium nostro etiam quos possumus invitamus exemplo.*"[18]

---

[14] Im 7 bis 9 Jahrhunder spielten die artes liberales als geschlossenes Bildungssystem keine Rolle. Vgl. Jansen & Pohle, 2000. S. 17.

[15] Bosl, 1973, S.62.

[16] Vgl. ebd. S.62-63

[17] Eine detaillierte Problematisierung des Begriffes findet sich in dem Aufsatz von Doris Haberl, Die Hofbibliothek Karls des Großen als Kristallisationspunkt der Karolingischen Renaissance: Geschichte, Umfeld, Wirkung. S. 111. Auch andere Historiker lehnen den Terminus der „karolingischen Renaissance" ab. Ausführlich wird dies ebenfalls in Erna Patzelts Werk „Die karolingische Renaissance. Beiträge zur Geschichte der Kultur des frühen Mittelalters" (1924) beschrieben.

[18] Epistula Generalis. Hrsg. Von Alfred, Boretius (MGH, Capitularia Regum Francorum 1). Hannover 1883 (Neudruck 1960), Nr. 30, S.80: Voll wachsamem Eifer sind wir damit beschäftigt, die Werkstatt der Wissenschaften wiederherzustellen, die durch die Nachlässigkeit unserer Vorfahren beinahe verödet war und laden durch eigenes Beispiel, soviel wir können, dazu ein, die freien Künste zu erlernen. Übersetzung nach Fichtenau, 1949, S.97.

In diesem Zitat werden zwei wichtige Aspekte angesprochen: Die *Werkstatt der Wissenschaften*, sowie die *freien Künste*. Mit den freien Künsten sind hier die oben bereits ausgeführten *septem artes liberales* (= die sieben freien Künste) gemeint, welche das Grundgerüst der Bildung eines freien Mannes bilden sollten, um so später, darauf aufbauend, Theologie, Medizin oder Rechtsleben studieren zu können. Da oben bereits kurz auf die artes eingegangen wurde, soll an dieser Stelle auf die *„Werkstatt der Wissenschaft"* eingegangen werden. Es wurden Gelehrte aus den verschiedensten Ländern nach Aachen gezogen, sodass Bildung und Kultur wieder aufblühten und sich weiter entwickeln konnten. So ließ Karl zum Beispiel Alkuin und Paulus Diacomus Theodulfus von Orleans an seinen Hof kommen, zwei der renommiertesten Gelehrten der damaligen Zeit. Es erfolgte eine Wiederbelebung der Wissenschaften, denn bisher teilte man alles Wissen nach einem spätantiken, christlich gedeuteten Schema ein und Karl schaffte (u.a.) mit der *admonitio generalis* von 789 und *dem Epistula de lettris colendis* von 794/795 einen neuen Bildungskanon zu formen.[19] Detlef Ilmer schrieb, dass die Karolinger zum ersten Mal präzise Ansprüche an die Ausbildungsfunktion stellten, also das „erudire der religiösen Institutionen"[20].

„Vor allem in den Schulen und Klöstern lässt sich die Wirkung des Erneuerungsprozesses nachzeichnen, nicht zuletzt an zahlreichen, in dieser Zeit neu entstanden oder wieder abgeschriebenen Lehrbücher. Unter Karl den Großen wurde das Kloster zu *dem* Ort des Lesens, Schreibens und Rechnens [...]."[21]

Auf den folgenden Seiten soll ebendieser Erneuerungsprozess am Beispiel des St. Galler Klosterplans etwas genauer untersucht werden und die Frage geklärt werden, ob der Prozess der Veränderung und die damit einhergehende Bedeutungsverschiebung für Bildung, somit auch der Rezeption und Bedeutung der *septem artes liberales*, anhand von dem Klosterplan sichtbar wird.

2.3. St. Galler Klosterplan

Als Beispiel für diesen Erneuerungsprozess und dem erneuten Aufblühen der *septem artes liberales*, deren Früchte erst in den folgenden Generationen reiften, sei hier das Kloster St. Gallen erwähnt. Auch wenn das Kloster bereits 613 n. Chr. im Rahmen

---

[19] Die Bildungsreformen Karls des Großen umfassten viele weitere Aspekte.
[20] Illmer, 1979, S. 94f.
[21] Jansen & Pohle, 2000, S. 15.

der iro-angelsächsichen Gründungen hervorgegangen ist[22], so sollte dennoch der neuentworfene St. Galler Klosterplan, in Anlehnung der Aachener Synode (816-819), umgesetzt werden. Detlef Ilmer schreibt, dass der darin enthaltene Plan des *domus communis scolae* der architektonische Ausdruck dieses neuen Anspruchs sei und erwähnt auch die Isolierung der Ausbildungsfunktion in einer dem Kloster angegliederten *vita communis der clerici*, für die dann auch die Bezeichnung scholastici gebraucht werde.[23]

Anmerkung der Redaktion: Diese Abbildung wurde aus urheberrechtlichen Gründen entfernt.

Bild 2:. Galler Klosterplan

Dieser besagte St. Galler Klosterplan wurde jedoch zu größten Teilen nicht umgesetzt[24] und dennoch war er für das Kloster St. Gallen bereits damals, als Politikum, enorm wichtig. Derzeitig ist es eines der wertvollsten Dokumente karolingischer Kultur, da er einzigartig in seiner Art ist. Durch kein anderes Dokument erfuhr man so viel über das damalige Leben in einem Kloster. Für unser Verständnis der damaligen Zeit war er somit wegweisend. So konnte nicht nur erarbeitet werden, wie die Gesellschaft und das Kloster als solches funktioniert hat, sondern man erfuhr auch Details über Themen wie die Stallungen, Tiere, Pflanzen und Landwirtschaft als solches.[25] Daß die *septem artes liberales* in St. Gallen selbst bereits eine wichtige Roll eingenommen haben zeigt allein schon der Umstand, „ […] daß es in […] St. Gallen […] Wandbilder gegeben hat, die die sieben artes liberales zeigten"[26].

2.3.1. Theorie vs. Praxis - St. Galler Klosterplan & die *septem artes liberales*
Laut Plan, welcher seit ca. 1200 Jahren unter der Signatur MS.1092 in der Stiftsbibliothek von St. Gallen aufbewahrt wird, sollte es zwei Schulen geben. Die

---

[22] Vgl. Tezmen-Siegel, 1985, S. 33-34.
[23] Illmer, 1979, S. 94f.
[24] Derzeitig erfolgt jedoch eine plangetreue Umsetzung durch experimentelle Archäologie in Messkirch am „Campus Galli" und ist bereits jetzt für Besucher geöffnet.
[25] Eines der Ausführlichsten Werke zum St. Galler Klosterplan wurde von W. Horn und E. Born verfasst. Sie schrieben ein dreibändiges Werk zum Klosterplan (The Plan of St. Gall.,1979), sowie in der Monographie von Konrad Hecht, Der St. Galler Klosterplan (1983).
[26]Jansen & Pohle, 2000, S.18.

äußere, öffentliche Schule sollte auf der Nordseite der Abtei liegen, in einem Bereich, welcher allein zu repräsentativen und herrschaftlichen Zwecken angedacht war, denn dort lagen auch „das Haus des Abtes, in Form eines richtigen kleinen Palastes [...]" und „ein Haus für vornehme Gäste"[27]. „Die Innere Schule im östlichen Planviertel ist mit dem Krankenhaus zu einer symmetrischen Baugruppe vereinigt."[28]

Allein schon diese Anordnung beweist zweierlei Aspekte. Einerseits wird hier durch die Anbindung an das Krankenhaus die Schule in ihrer Funktion als Werkstatt der Wissenschaft (vgl. oben) deutlich und andererseits wird sichtbar, dass die höhere (Aus-)Bildung dem normalen Volke nicht zur Verfügung stehen sollte und somit nur bestimmten Personen zugänglich war. Der letzte Umstand wird umso deutlicher, wenn weitere Aufzeichnungen, wie zum Beispiel die von Werner Jacobsen, hinzugenommen werden. In seinem Aufsatz beschreibt er sehr ausführlich die Zugänglichkeit der geplanten Klosteranlage für auswärtige Besucher und Pilger und spricht von einer vorab geplanten „Kanalisierung"[29] der Gäste, reisenden Ordensbrüdern, fromme Pilgern oder aber auch Bauern und Knechten, welche auf den Feldern der Abtei arbeiten. Zwar ließe es sich nicht vermeiden, dass sich Nutzungsbereiche von Besuchern und Mönchen überschneiden, jedoch waren eben diese Wege strikt vorgegeben und oftmals sogar beschränkt, sodass sich auf deren Wegen die Besucher Mönche nicht „[...] stören, ja mit ihnen gar nicht erst in Berührung kommen"[30]. Sie sollten lediglich direkt zur Abteikirche gelangen um dort zum Allerheiligsten des Ortes zu gelangen, dem Grabe des heiligen Gallus.

An diesem Beispiel lässt sich somit deutlich machen, dass es der Plan der vorherrschenden ständischen Gesellschaft war den Zugang zur Bildung deutlich zu reglementieren, jedoch mit einem Unterschied zu vorher: Zusätzlich zu den Faktoren Arm und Reich, Adel oder Fußvolk kam nun der Aspekt, dass Bildung nun ausdrücklich zum Anliegen des geistlichen Standes gehören sollte[31], somit also nicht zum normalen, arbeitendem Bürgertum oder den Bauern. Sogar dem Adel war es zu großen Teilen vorbehalten. Allein die Kinder von Vornehmen konnten durch

---

[27] Jacobsen, 2002, S. 18.
[28] Hecht, 1965, S. 182.
[29] Jacobsen, 2002, S. 48.
[30] Ebd. S.47.
[31] Dies trifft zumindest auf Kloster-, Dom- und Stiftsschulen zu, die einzige Ausnahme bilden die Universitäten, welche sich frei vom christlichen und staatlichen Einfluss halten konnten. Vgl. Schwenk, 1996, S. 236.

Spenden zuerst als Schüler und später als Novizen aufgenommen werden.[32] Das Verständnis der *septem artes liberales* als *freie* Künste spiegelt sich somit in dem Klosterplan architektonisch wider.

Die Rezeption bzw. das damalige Verständnis der *septem artes liberales*, der *freien* Künste[33] steht jedoch bereits hier in einem Spannungsverhältnis. Wenngleich der Klosterplan eine klare Linie aufzeigt und der damaligen Rezeption zu entsprechen versucht, so erfordet die praktische Umsetzung dennoch gewisse Anpassungen, um den eklektischen Vorstellungen zu entsprechen. Einerseits wird in dem neuentworfenen Plan allein schon architektonisch die Zugänglichkeit der Schulen und somit die strikte Trennung zwischen Arbeitsbereichen und den Schulen verdeutlicht, also die Bedeutung der *freien* Künste unterstrichen, andererseits bezeugt die *Regula Benedicti*, dass dies allein nicht ausreicht. Das Kapitel 48 der *Regula Benedicti* regelt dieses in 25 Unterpunkten mit der Überschrift *Ordnung für Handarbeit und Lesung*. Diese Fülle an Regelungen des täglichen Lebens, Arbeitens und Studierens bezeugt also auch, dass Arbeit und Studium strikt voneinander getrennt werden sollten, selbst im Alltag der Mönche[34]. Es waren also Regeln dafür nötig, um dies zu gewährleisten. Was hier somit deutlich wird ist, dass Bildung und Studium nicht rein institutionell zu sondieren sind, egal ob weltlich oder geistlich, sondern Bildung und Studium bereits damals zu einem Teil der Lebensordnung der Geistlichen wurde und selbst die geistlichen nicht so *frei* waren, wie es propagandiert wurde.

Die architektonische Planung des Klosterplans lässt noch einen weitere Vermutung anstellen: Selbst der chronologische Aufbau der Bildung und des späteren Studiums der Künste spiegelt sich in der Zugänglichkeit der Schulen für Externe und Zöglinge wider, denn beide Schulen sollten zwar einen Zugang zu der Bibliothek auf der Nordseite haben, in welcher auch nicht-liturgische Handschriften untergebracht werden sollten, jedoch befindet sich die *mansiuncula scolasticorum,* die Unterkunft der Schüler, in der äußeren Schule[35], direkt neben den Gebäuden des Abtes welcher für öffentliche, repräsentative Zwecke zuständig war. Die innere Schule hingegen ist

---

[32] Vgl. Ulrich, 2009. Gemeint ist hier „Kapitel 59 – Die Aufnahme von Kinder" der Regula Benedicti.
[33] So zu finden in Senecas 88. Brief (Epistula LXXXVIII) "Quare liberalia studia dicta sint vides: quia homine libero digna sunt.
[34] Vgl. Ulrich, 2009. Gemeint ist hier „Kapitel 48 – Die Ordnung für Handarbeit und Lesung" der Regula Benedicti.
[35] Vgl. Hecht, 1965, S.183, Anmerkung Nr. 42.

direkt dem Hospital angebunden und nimmt die Funktion des Noviziats ein. Dort wurden die Novizen, die künftigen Mönche, welche neu in der Ordensgemeinschaft aufgenommen wurden und sich noch in der Ausbildung befinden, gemäß der Benediktsregel[36] untergebracht.[37] Ebendiese Regel macht den wichtigen Unterschied zwischen innerer und äußerer Schule sichtbar. Sie setzte einen vorangegangenen (Basis-)Schulunterricht voraus, bevor Zöglingen und Anfänger die höhere Bildung genießen durften, somit also auch dem Unterricht in den *septem artes liberales*.

Daraus lässt sich schließen, dass Neuankömmlinge und Auswertige zuerst in der äußeren Schule untergebracht und unterrichtet werden sollten, so zum Beispiel auch die Söhne von Adeligen, welche oftmals erst später, nach der Grundausbildung, in das Noviziat übergehen konnten. Ernst Tremp schreibt dazu, dass Reformer, mithilfe der Aachener Reformsynode von 817, ausdrücklich jeden klösterlichen Schulbetrieb, welcher nicht ausschließlich der monastischen Ausbildung des eigenen Nachwuchses diente, strikt von Weltlichem trennen wollten.[38] Dies würde auch erklären, warum es hier eine äußere und eine innere Schule gab, welche eine Absonderung von Geistlichen und Laien mit sich brachte. Andererseits führt er jedoch auch an, dass die „Klosterschule gesamtgesellschaftliche Bildungsaufgaben erfüllen sollte"[39] und er argumentiert, „der Klosterplan propagiert die schulische Offenheit und grundlegende Bedeutung der Bildung über das Kloster hinaus"[40].

Der St. Galler Klosterplan zeigt hier somit nicht nur die geplanten bzw. erhofften Auswirkungen der Reformen auf die Klosterschulen in architektonischer Sicht und somit in angestrebter Lebensweise, sondern auch die Diskrepanz zwischen dem vorherrschenden christlichen Politikum und dem tatsächlichen Lehren an den Schulen und dem Ziel von Bildung.

Ebendieses Spannungsverhältnis zwischen der, durch die Aachener Reformsynode von 817, angestrebten *strikten Trennung von Geistlichen und Laien* und der *schulischen Offenheit der Klosterschule* steht als Musterbeispiel für den immanenten Wandel von Bildung und der damit einhergehenden erneuten, damals angebrachten Bedeutungs- und Rezeptionsverschiebung des Begriffes *septem artes liberales[41]*.

---

[36] Ulrich, 2009, S.244f: [Nach der Aufnahme] wohne [der Novize] im Raum für die Novizen, wo sie lernen, essen und schlafen" (Postea autem sit in cella noviciorum ubi meditent et manducent et dormiant; Kap. 58).
[37] Vgl. Tremp, 2016, S.136
[38] Ebd. S. 130.
[39] Ebd. S.137f.
[40] Ebd. S. 137.
[41] Für einen kurze Übersicht ebendiesen Rezeptionswandel des Begriffes vgl. Jansen & Pohle, 2000, S.16-18.

Was genau damit gemeint ist und was das damals vorherrschende Problem war soll hier mithilfe eines Resümees von Joachim Ehler etwas genauer verdeutlicht werden:

„Angesichts der Bindung gelehrter an Studien an die *Vita communis* und an wissenschaftsfremde Gesichtspunkte [...] war Stagnation auf unterschiedlichem Niveau die Folge; der Durchbruch in neue wissenschaftliche Dimensionen war erst und nur dort möglich, wo de *freie* Magister *freie* Scholaren an sich ziehen konnte."[42]

Ganz abgesehen davon, dass Wort *frei* zwar hier im selben Kontext benutzt wird, er jedoch eine widerandere Rezeption des Wortes besitzt[43], so wird doch deutlich, dass der St. Galler Klosterplan, bezogen auf die Bildung, ein anderes Ziel anstrebt, als die Reformen es vorzuschreiben versuchten. Die Offenheit des Klosters und das Aufblühen der Wissenschaften steht den geistlichen Restriktionen gegenüber. Es ist daher nicht verwunderlich, dass Tremp folgendes resümiert: Der Plan übernehme „lange nicht alles, was die Aachener Reformsynoden (...) vorschrieben"[44]. In seinem Aufsatz kommt er zu dem Schluss der St. Galler Klosterplan sei ein herausragendes Zeugnis des Reformwillens, des Strebens nach Vereinheitlichung und er könne als Bauplan für die benediktinische Lebensform im frühen 9. Jahrhundert, als Adaptation benediktinischer Normen und „Traditionen an die kirchlichen, kulturellen und gesellschaftlichen Verhältnisse der Karolingerzeit"[45] gewertet werden.[46]

Wenngleich der Aufsatz von Ernest Tremp wenig über die *septem artes liberales* berichtet, so gibt er dennoch einen detaillierten Einblick in mögliche Auswirkungen von Reformen und Alltag, beziehungsweise deren Wechselwirkungen untereinander. Die Bildung, dem Lehren der *septem artes liberales*, erfuhr auch hier einen erneuten, möglicherweise wegweisenden Eingriff, welcher sich erst später durch weitere Gelehrte herausbilden sollte. Inwieweit weitere Reformen der Aachener Synode im Plan verwirklicht wurden und wie die tatsächliche Praxis später ausgesehen hätte, wäre der Plan umgesetzt worden, bleibt in seinem Werk unbehandelt, aber eines wird dennoch deutlich sichtbar: der Einfluss von Reformen schlägt sich nicht nur in Schrift, Sprache, Literatur, Kunst als solches wider, sondern wie oben bereits in der Einleitung zu den artes angesprochen, auch in Baukunst und -planung, sowie der

---

[42] Ehlers, 1996, S.52.
[43] Eine Ausführung bzw. Erklärung ist an dieser Stelle bewusst vermieden worden, da hier sonst ein weiterer, anderer kritischer Diskurs eröffnet werden würde.
[44] Semmler, 2002, S. 89.
[45] Picker, 2008, S. 26.
[46] Vgl. Tremp, 2016, S. 138.

Praxis des Lehrens. Somit ist sie für Gelehrte, wie auch für Schüler immanent präsent und nimmt ständig neue Formen des Lehrens und Vermittelns an.

3. Schluss/Zusammenfassung

Zusammenfassend kann man sagen, dass seit der Antike die *septem artes liberales* einen immanenten Wandel in ihrer Bedeutung unterlagen und ihre Interpretation und Bedeutung nicht nur durch unser kontemporäres Wissen vorgenommen wird, sondern auch dass es, je nach Epoche, unterschiedliche Konzepte und Umsetzungen dieser, ja mehr noch, sogar parallele existierende Auffassungen gab, welche zu unausgesprochenen Spannungsverhältnissen ebendieser führte. Daher ist es wenig verwunderlich, dass die uns bekannten Autoren die *artes* ständig weiterentwickelt haben und versuchten die Bildung in den Künsten an die entsprechenden zeitlichen Umstände anzupassen. Diese Ausarbeitung zeigte deutlich, dass die Definition der *septem artes liberales* zwar nicht überaus schwierig ist, aber der Begriff *frei* selbst heute noch stark kontextabhängig ist und kritisch betrachtet werden muss.

Bezogen auf den St. Galler Klosterplan ist zu sagen, dass dieser nicht nur ein architektonischer Ausdruck für den karolingischen Erneuerungsprozess, sondern auch ein Beispiel für die Wechselwirkung zwischen Reformen und dem sich wandelnden Bildungsverständnis darstellt. Wenngleich die *septem artes liberales* in der geplanten Klosterschule gelehrt werden sollten, so wird, äußerst kritisch formuliert, bereits in der geplanten offenen Umsetzung des Lehrens ein Auflehnen gegen das damalig vorherrschende System erkennbar. Dass das Lehren und Lernen nur den Geistlichen vorbehalten sein sollte, wird zwar an dem Aufbau der Klosteranlage sichtbar, aber der typische Alltag und die angestrebte Praxis lassen vermuten, dass die Umsetzung anders ausgesehen hätte, als es der Plan es vorsah.

Auch wenn diese Ausarbeitung sich nur an der Oberfläche des Klosterplanes bewegte, so sind doch weitere, detailliertere Untersuchungen zu dieser Thematik möglich und vielversprechend. So könnten, zusätzlich zur Analyse der architektonischen Gliederung des Planes, verfügbare Schriftquellen untersucht werden, welche mögliche Konzeptionsverschiebungen des Begriffes der *septem artes liberales* nicht nur aufzeigen, sondern auch am Plan deutlich machen könnten.

Anhang

Quellen- und Literaturverzeichnis

[Anon.]. "Epistula LXXVI– Epistula LXXXVIII". Band II, Berlin, Boston: De Gruyter (A), 2014, pp. 6-184. Web: https://doi.org/10.1515/9783050091358.6. Stand: 09.07.2021.

Affolter-Nydegger, Ruth. Das Titelbild von Herrad zu Landsberg, Hortus Deliciarum (um 1180). Web: www.enzyklopaedie.ch/fronti/titelbilderfaksmimiles/Titelbild_Herrad.pdf Stand: 01.06.2021.

Bosl, Karl. Geschichte des Mittelalters. 5 Auflage, München 1973.

Bauer, Dieter u. a. (Hrsg.): Mönchtum – Kirche – Herrschaft 750–1000, Sigmaringen 1998

Braunfels, Wolfgang (Hg.): Karl der Große. Lebenswerk und Nachleben. 4 Bde., Düsseldorf 1967.

Contreni, John J.: Carolingian Learning. Masters and Manuscripts (Variorum collected Studies Series 363). Aldershot 1992.

Christes, Johannes. Artes Liberales. Begriff. Berlin 2006a. Brill Reference Online. Web.: https:dx.doi.org/10.1163/1574-9347_dnp_e202570. Stand: 25.05.2021.

Christes, Johannes. Artes Liberales. Geschichtliche Entwicklung. Berlin 2006b. Brill Reference Online. Web.: https:dx.doi.org/10.1163/1574-9347_dnp_e202570. Stand: 25.05.2021.

Ehlers, Joachim. Dom- und Klosterschulen in Deutschland und Frankreich im 10. und 11. Jahrhundert. In: Kintzinger M/Lorenz, S./Walter, M. [Hrsg.]. Schule und Schüler im Mittelalter. Beiträge zur europäischen Bildungsgeschichte des 9. Bis 15. Jahrhunderts. Köln 1996. S.29-52.

Englisch, Brigitte: Die Artes liberales im frühen Mittelalter (5.–9. Jahrhundert). Das Quadrivium und der Komputus als Indikatoren für Kontinuität und Erneuerung der exakten Wissenschaften zwischen Antike und Mittelalter (Sudhofs Archiv Beiheft 33). Stuttgart 1994.

Fichtenau, Heinrich. Das karolingische Imperium. Soziale und geistige Problematik eines Grossreiches. Zürich 1949.

Haberls, Doris. Die Hofbibliothek Karls des Großen als Kristallisationspunkt der Karolingischen Renaissance: Geschichte, Umfeld, In: Perspektive Bibliothek 3(1), 2014, S.111-139.

Hecht, Konrad. Der St. Galler Klosterplan. Sigmaringen 1983.

Hecht, Konrad. Der St. Galler Klosterplan. Schema oder Bauplan? In: Abhandlungen der Braunschweigischen Wissenschaftlichen Gesellschaft, Band 17. Braunschweig 1965, S.165-206.

Hispalensis, Isidorus. Etymologiae. Add: De summo bono. Venice, 11 Dec. 1493f°. S. 2 recto. Web: http://daten.digitale-sammlungen.de/bsb00054725/image_10. Stand: 08.07.2021.

Horn, W./Born, E.. The Plan of St. Gall. A Study of the Architecture and Economy of, and Life in a Paradigmatic Carolingian Monastery. Band 3. Berkeley / Los Angeles / London 1979.

Illmer, Detlef: Erziehung und Wissensvermittlung im frühen Mittelalter. Ein Beitrag zur Entstehungsgeschichte der Schule. Kastellaun/Hunsrück 1979.

Jacobsen, Werner. Der St. Galler Klosterplan – 300 Jahre Forschung. In: OchsenbeinPeter/Schmuki, Karl (Hrsg.). Studien Zum St. Galler Klosterplan II., St. Gallen 2002.

Jansen, Michael/Pohle, Frank. Die Künste am Hofe Karls des Großen. Artes liberales et artes mechanicae. Aachen 2000.

McKitterick, Rosamond. The Carolingians and the Written Word. Cambridge 1989.

Schieffer, Rudolf (Hrsg.). Schriftkultur und Reichsverwaltung unter den Karolingern. Abhandlungen der Nordrhein-Westfälischen Akademie der Wissenschaften 97. Opladen 1996.

Luitpold Wallach. Charlemagne and Alcuin's De litteris colendis. In: Alcuin and Charlemagne. Studies in Carolingian History and Literature, Ithaca, NY, 1959, pp. 202-248.

Patzelt, Erna, Die karolingische Renaissance. Beiträge zur Geschichte der Kultur des frühen Mittelalters, Wien 1924.

Picker, Hans-Christoph. Der St. Galler Klosterplan als Konzept eines weltoffenen Mönchtums – Ist Walahfrid Strabo der Verfasser?, in: ZKG 1/119 (2008), S. 1-29.

Schwenk, Bernhard (Hrsg.)/Drewek, P./Leschinsky, A.. Geschichte der Bildung und Erziehung von der Antike bis zum Mittelalter. Weinheim 1996.

Semmler, Josef. Die Reform geistlicher Gemeinschaften in der ersten Hälfte des 9. Jahrhunderts und der Klosterplan von St. Gallen. In: Ochsenbein, P./Schmuki, K.(Hrsg). Studien zum St. Galler Klosterplan II. St. Gallen 2002. S.87-105.

Stolz, Michael. Artes-liberales-Zyklen. Formationen des Wissens im Mittelalter. Tübingen/Basel, 2003.

Tezmen-Siegel, Jutta. Die Darstellungen der septem artes liberales in der Bildenden Kunst als Rezeption der Lehrplangeschichte. München 1985.

Tremp, Ernst. Der St. Galler Klosterplan und die Aachener Klosterreform. In: Bunge, Gabriel & Kaffanke, Jakobus. (Hrsg.). Benedikt von Nursia und Benedikt von Aniane: Karl der Große und die Schaffung des Karolingischen Mönchtums. Band 26. Beuron 2016. S. 108-139.

Ulrich, P. (Hrsg.). Die Benediktsregel, Lateinisch/Deutsch, mit der Übersetzung der Salzburger Äbtekonferenz. Stuttgart 2009.

Zekl, Hans Günter (Hrsg.). Martianus Capella. Die Hochzeit der Philologia mit Merkur. De nuptiis Philologiae et Mercurii. Würzburg 2005.

Bildverzeichnis:

Bild 1: Roslie Green et. Al., Herrad von Hohenburg, Hortus delicarum, Rekonstruktion, London-Leiden, 1979, Fol. 32r (Philosophy, the Liberal Arts and the Poets)

Anmerkung der Redaktion: Diese Abbildung wurde aus urheberrechtlichen Gründen entfernt.

Bild 2: St. Gallen, Stiftsbibliothek, Cod. Sang. 1092: St. Galler Klosterplan. URL: https://e-codices.unifr.ch/de/list/one/csg/1092. 01.07.2021)